SOUVENIRS

DE

M. THÉNARD

PAR

L. R. LE CANU

L'UN DE SES ANCIENS PRÉPARATEURS AU COLLÉGE DE FRANCE

DOCTEUR EN MÉDECINE,
PROFESSEUR TITULAIRE A L'ÉCOLE SUPÉRIEURE DE PHARMACIE DE PARIS,
MEMBRE DE L'ACADÉMIE IMPÉRIALE DE MÉDECINE,
DU CONSEIL D'HYGIÈNE ET DE SALUBRITÉ, ETC.,
CHEVALIER DE LA LÉGION D'HONNEUR.

Lus en Séance de rentrée de l'Ecole de Pharmacie,
LE 11 NOVEMBRE 1857.

PARIS
TYPOGRAPHIE DE Mme Ve DONDEY-DUPRÉ
RUE SAINT-LOUIS, 46, AU MARAIS

1857

SOUVENIRS

DE

M. THÉNARD

SOUVENIRS

DE

M. THÉNARD

PAR

L. R. LE CANU

L'UN DE SES ANCIENS PRÉPARATEURS AU COLLÉGE DE FRANCE

DOCTEUR EN MÉDECINE,
PROFESSEUR TITULAIRE A L'ÉCOLE SUPÉRIEURE DE PHARMACIE DE PARIS,
MEMBRE DE L'ACADÉMIE IMPÉRIALE DE MÉDECINE,
DU CONSEIL D'HYGIÈNE ET DE SALUBRITÉ, ETC.,
CHEVALIER DE LA LÉGION D'HONNEUR.

Lus en Séance de rentrée de l'École de Pharmacie,

LE 11 NOVEMBRE 1857.

PARIS

TYPOGRAPHIE DE Mme Ve DONDEY-DUPRÉ

RUE SAINT-LOUIS, 46, AU MARAIS

1857

SOUVENIRS

DE

M. THÉNARD

Né le 4 mai 1777, à la Louptière, petit village des environs de Nogent-sur-Seine, dans le département de l'Aube, de modestes agriculteurs, Louis-Jacques Thénard est mort à Paris, le 21 juin de cette année; allié par sa femme à l'une des premières familles du Dauphiné, possesseur d'une fortune considérable, fruit légitime de ses alliances, de ses labeurs et de sa bonne administration, professeur honoraire de l'École polytechnique et du collége de France, ancien doyen de la Faculté des sciences, membre du Comité consultatif des arts et manufactures, de l'Académie impériale de médecine, de l'Académie des sciences de l'Institut, des Académies et Sociétés royales de Londres, de Berlin, de Stockholm, d'Édimbourg, de Copenhague, de Saint-Pétersbourg, de Munich, de Madrid, etc.; président honoraire de la Société d'encouragement pour l'industrie nationale, ancien chancelier de l'Université, grand officier de la Légion d'honneur, baron, ancien député, ancien pair de France; après avoir parcouru l'une des carrières les plus longues, les mieux remplies, les plus fécondes qu'il soit donné à l'homme de parcourir.

C'est par erreur que l'un de ses biographes l'a représenté, non sans quelque amertume, comme ayant fait partie du Sénat.

Sa carrière politique a fini le jour où la tourmente de 1848 emporta dans l'exil l'auguste famille à laquelle l'attachaient des liens particuliers de respectueuse affection.

Il fut plus fidèle au culte de la reconnaissance que sensible aux séductions du pouvoir.

Ses collègues dans les grands corps de l'État ont dit, avec autorité, la part qu'il prit à leurs travaux, le rôle qu'il joua au sein d'assemblées composées d'illustrations en tous genres, d'administrateurs rompus au maniement des affaires.

Je me ferai leur écho lointain, seulement pour redire l'influence qu'il y exerçait, moins encore par le tact infini, par l'admirable rectitude de jugement, qui lui permettaient d'éclairer de vives lumières les discussions les plus obscures, tout en l'empêchant d'égarer sa parole sur des questions étrangères à ses méditations habituelles, à ses études spéciales, que par une solidité, une honorabilité de caractère universellement reconnues.

Plus conforme aux habitudes de toute ma vie, aux instincts de ma nature, que ne le serait l'appréciation de ses mérites administratifs et politiques, le but que je me suis proposé, en traçant ces souvenirs de M. Thénard, a été de vous entretenir de ses travaux de laboratoire et de son *Traité de chimie;* de me reporter, par la pensée, avec bon nombre d'entre vous, au temps où, sur les bancs du collége du Plessis, de la Sorbonne, du collége de France, nous prêtions à sa parole une oreille attentive ; davantage encore, je l'avoüerai, d'essayer de vous faire vivre un moment dans l'intimité du maître illustre, de l'homme excellent dont la main puissante soutint ma jeunesse, dont l'amitié honorera ma vie, dont l'appui tutélaire me vaut l'honneur d'être votre collègue, à vous, messieurs ; l'un de vos maîtres, à vous, jeunes élèves.

La douce habitude de voir comme une seconde famille dans mes confrères, je l'ai prise de lui.

Le souvenir de ses bontés me fait, à mon tour, dans la mesure de mes forces, aplanir les obstacles du chemin sous les pas des enfants de cette école ; les suivre des yeux avec sollicitude après qu'ils l'ont quittée ; en tout temps, en tous lieux, m'associer à leurs craintes, à leurs espérances, être heureux et fier de leurs succès.

Vous voyez bien déjà, vous tous ici présents,

qu'il faut chérir sa mémoire autant que la respecter.

Que si, dans l'accomplissement du devoir que m'imposait la reconnaissance, de dresser ce riche inventaire scientifique, j'avais commis des erreurs graves, omis de relater des pièces importantes, l'auditoire exceptionnel qui veut bien m'écouter réparerait de lui-même ces erreurs, ces omissions involontaires, et, je l'espère, me les pardonnerait.

Pendant plus d'un demi-siècle, en effet, M. Thénard a contribué aux progrès de la chimie par la publication de travaux originaux.

Son premier Mémoire remonte à l'année 1799, et 1856 a vu paraître le dernier.

Celui-là était relatif aux composés oxygénés de l'antimoine, et à leurs combinaisons avec l'hydrogène sulfuré.

Le rapport auquel il donna lieu à l'Académie des sciences pouvait, dès ses débuts, faire présager au jeune chimiste une destinée brillante; Guyton de Morveau le terminait ainsi :

« Vos commissaires ont reconnu dans l'auteur

du travail qu'ils étaient chargés d'examiner, un chimiste imbu des vrais principes, exercé aux manipulations délicates, en possession de tous les moyens d'avancer la science.

» Ils vous proposent de l'encourager à suivre une carrière dans laquelle il débute avec tant d'avantage, en ordonnant l'insertion de son Mémoire dans le recueil que la Compagnie a l'intention de publier. »

Le plus récent, intitulé : *Mémoire sur les corps dont la décomposition s'opère sous l'influence de la force catalytique*, traite plus particulièrement des phénomènes auxquels donne lieu l'eau oxygénée, dans son contact avec différentes substances.

Il porte en tête les noms de MM. Thénard père et fils, comme si quelque secret pressentiment de sa fin prochaine avait poussé l'illustre vieillard à confondre, dans un commun effort, les souvenirs de son glorieux passé et les espérances d'un avenir objet de sa paternelle sollicitude.

Le phosphore,

Le nickel,

Les alliages d'étain et d'antimoine,

Les sulfures d'arsenic jaune et rouge,

L'acide azotique,

L'oxydation des métaux en général et du fer en particulier,

Les oxydes de cobalt,

Le gaz ammoniac,

Les hydrosulfates,

Les phosphates à base de soude et d'ammoniaque,

Les sels à base d'ammoniaque et d'oxydes métalliques,

La liqueur fumante de Cadet,

Les tartrates,

La fermentation vineuse,

Le camphre artificiel,

L'alcool, au point de vue de l'action qu'exercent sur lui les acides végétaux, avec ou sans le secours des acides minéraux, et aussi le chlore et les chlorures métalliques,

Les combinaisons des acides avec les substances organiques,

La coagulation de l'albumine par la chaleur et par les acides,

La bile et les calculs biliaires,

La sueur,

Les acides libres du lait et de l'urine,

Lui ont fourni d'autres sujets de recherches.

Il a montré :

Et que le jet de lumière attribué par des physiciens à la compression de l'air ou de l'oxygène dans un corps de pompe à parois en verre, résulte de la combustion partielle de l'huile employée à graisser le piston ;

Et que l'arsenic existe à l'état d'arséniate neutre de soude, dans les eaux minérales du mont Dore, de Saint-Nectaire, et, vraisemblablement, dans toutes celles où sa présence a été signalée ;

Et que le produit de la distillation des graisses contient un acide particulier (l'acide sébacique), tout à fait distinct du mélange d'acide acétique, d'huile empyreumatique et d'huile volatile odorante, que les anciens chimistes avaient désigné sous ce nom ;

Et que l'acide zoonique de Berthollet n'est, au contraire, que de l'acide acétique combiné avec une matière animale provenant aussi de la décomposition ignée des substances organiques azotées.

L'industrie lui est redevable :

Du composé de phosphate de cobalt et d'alumine usité en peinture sous la dénomination de bleu Thénard ;

Du procédé à l'aide duquel les épurateurs débarrassent l'huile de colza de la matière muqueuse qu'elle tient en dissolution, et qui, faisant obstacle à l'ascension du liquide dans les mèches, arrêterait la combustion ;

L'agriculture, de moyens propres à détruire les animaux nuisibles qui terrent ou se retirent dans des trous, les chenilles, l'eumolpe de la vigne, etc.

Sans importance scientifique, la note dans laquelle il conseille l'emploi de l'eau de savon pour détruire les punaises, se recommande elle-même, par la façon toute charmante avec laquelle l'auteur s'excuse, vis-à-vis de ses collègues de l'Institut, de les occuper d'un si mince sujet.

On lui doit également la découverte :

De l'éther muriatique ; il la fit en même temps que notre honorable et savant confrère M. Boullay, et que Gehlen, en Allemagne ;

De l'eau oxygénée, et, par suite, des peroxydes de calcium, de cuivre et autres, qu'elle produit en réagissant sur les oxydes inférieurs de ces métaux ;

Du polysulfure d'hydrogène, cet analogue de l'eau oxygénée, en ce sens, que l'hydrogène absorbé par l'acide sulfhydrique, dans des conditions particulières, l'abandonne avec la même facilité que le fait l'oxygène surajouté à l'eau commune.

Ces dernières combinaisons, douées de propriétés singulières, semblent appelées à devenir de puissants agents industriels et médicaux : déjà même l'eau oxygénée a permis de restaurer un tableau de Raphaël, dont les teintes claires, à base de carbonate de plomb, avaient poussé au noir sous l'influence d'émanations hydrosulfureuses.

Il suffit de toucher les parties noircies avec un pinceau imprégné de liqueur pour qu'elles reprissent, comme par enchantement, leurs teintes primitives, le sulfure plombique s'étant trouvé transformé en sulfate.

Ne se pourrait-il pas faire, toutefois, je me le demande, que le respect des amateurs pour les traces que le temps imprime aux œuvres de la peinture, leur fît assimiler à de véritables profanations les restaurations de ce genre les plus vantées par les chimistes?

Quel qu'en puisse être l'avenir industriel et médical, l'eau oxygénée, ce composé à réactions toutes remplies de mystères, sorte d'hiéroglyphe, suivant l'heureuse comparaison de M. le professeur Munoz-y-Luna, mon excellent ami, formé d'éléments à ce point mobiles, que le simple contact d'une foule de substances inorganiques, de la plupart des organes et des tissus organiques suffit à les dissocier, avec explosion et parfois émission de lumière; d'une préparation tellement difficile, qu'elle fait le désespoir des manipulateurs les plus exercés, attendu qu'à tout instant l'intervention des réactifs employés à l'élimination des agents de combinaison de l'oxygène et de l'eau, menace d'anéantir le produit de leurs peines, constitue, sans contredit, l'une des découvertes les plus remarquables qu'ait enregistrées l'histoire de la chimie.

Une circonstance fortuite, un hasard heureux, je l'accorde, ont rendu M. Thénard témoin de la dissolution du bioxyde de barium dans l'eau aiguisée d'acide azotique, sans qu'il y ait eu dégagement de gaz oxygène; mais, pour que ce fait qu'un expérimentateur à courte vue eût laissé passer inaperçu, se l'expliquant par la solubilité connue de l'oxygène dans l'eau, l'ait conduit à une combinaison définie d'oxygène et d'hydrogène, essentiellement distincte de l'eau ordinaire, que de difficultés n'a-t-il pas dû vaincre! quelle sagacité, quelle persévérance ne lui a-t-il pas fallu déployer!

Schéele ne dut pas, ce me semble, éprouver plus de peine à faire sortir l'acide prussique des matières qu'il mit en présence, dans le procédé complexe, si justement cité en preuve de sa puissance d'intuition, que relate, page 387, le Codex latin de 1818; et je me crois autorisé à dire: que la découverte du bioxyde d'hydrogène a nécessité le concours de facultés dont l'ensemble est l'équivalent du génie, s'il ne constitue pas le génie lui même.

M. Thénard s'est occupé :

En collaboration de Fourcroy, d'étudier divers composés à base de mercure;

En collaboration de Dulong, de déterminer les limites d'action des corps susceptibles, sous certains états, de faciliter la combinaison des fluides élastiques;

En collaboration de M. Biot, d'analyser comparativement l'arragonite et la chaux carbonatée rhomboïdale;

Avec Roard, des mordants en teinture et des aluns de Rome et de France, au point de vue de l'influence fâcheuse qu'exercerait, dans l'alunage de la laine ou de la soie, le sulfate de fer qu'ils contiendraient;

Avec Darcet, des corps gras considérés comme

hydrofuges, dans la peinture sur pierre et sur plâtre; dans l'assainissement des lieux bas et humides.

Une belle application de leurs résultats a été faite, à l'occasion des peintures exécutées par le célèbre Gros, à la coupole du Panthéon de Paris;

Avec Dupuytren et Chaussier, de l'action du gaz sulfhydrique sur les animaux.

Gay-Lussac et lui, enfin, ont communiqué à l'Académie des sciences, sous forme de Mémoires, plus tard réunis en deux volumes, les recherches de physique et de chimie que Berthollet, au début de son rapport, caractérisait en ces termes :

« Les recherches dont nous allons entretenir la classe, par ses ordres, ont pour objet des substances, des propriétés, des phénomènes qui semblent constituer une science particulière, élevée sur l'ancienne physique et sur l'ancienne chimie.»

Paroles mémorables qui justifieront, en les motivant, les développements qui vont suivre.

Dans un premier travail, après avoir reconnu et signalé les causes qui font varier l'énergie de la pile, avoir constaté son action décomposante infiniment plus prononcée sur l'eau acidulée que sur l'eau pure; celle aussi que cet admirable instrument exerce sur la potasse et sur la soude, dont il venait de permettre à Davy d'isoler les métaux, Gay-Lussac et Thénard déterminèrent les proportions d'hydrogène et d'ammoniaque contenues dans les hydrures ammoniacaux de mercure, ou de mercure et de potassium, récemment découverts par Seebeck.

Dans un second, ils indiquèrent le moyen de se procurer des quantités relativement considérables de potassium et de sodium, en traitant la potasse et la soude caustiques par le fer, à une haute température; puis étudièrent l'action de ces métaux sur presque tous les corps connus : Sur l'oxygène, l'air, l'eau, et de là, des oxydes nouveaux, les uns inférieurs, les autres supérieurs à ceux des hydrates mis en expériences;

Sur les corps combustibles non métalliques, et de là, les hydrures de potassium et de sodium;

Sur les métaux : l'hydrure d'arsenic se trouva faire partie des produits de la réaction de l'eau sur les alliages de ce métal avec le potassium ou le sodium ;

Sur les gaz hydrogène sulfuré et hydrogène phosphoré. L'absence, dans ces gaz, de l'oxygène qu'y admettait Davy, fut constatée ; avec elle, la simplicité du soufre et du phosphore, que ce chimiste considérait comme des composés d'oxygène, d'hydrogène et d'un troisième élément resté inconnu, les assimilant ainsi aux huiles et aux résines, à la différence près que, dans ces derniers corps, le troisième élément est le carbone ;

Sur les oxydes et sur la plupart des acides minéraux, spécialement sur l'acide borique.

Ils y annoncèrent l'existence d'un radical particulier, le *bore*, trente-huit jours avant Davy.

Leur Mémoire a paru dans le *Moniteur* des 15 et 16 novembre 1808, et celui de Davy ne fut lu à la Société royale de Londres, que le 23 décembre suivant.

L'action du potassium et du sodium fut, par eux, étendue :

Aux terres, sans toutefois qu'ils pussent parvenir à les réduire ;

Au gaz ammoniac, aux dépens duquel ils observèrent la production d'azotures métalliques;

Aux sels;

Aux matières organiques.

Ils espéraient, par ce moyen, arriver à déterminer la nature et la proportion de leurs éléments, mais les produits complexes des réactions les obligèrent à l'abandonner.

En résumé, cette longue série d'expériences les conduisit à conclure :

Que si la potasse et la soude pouvaient être considérées comme des hydrates de corps, dont la pile déterminerait la conversion en hydrures, en fixant sur eux l'hydrogène de l'eau et mettant en liberté son oxygène; l'hypothèse qui tendait à les faire considérer comme des hydrates d'oxydes métalliques, réductibles par cet instrument, leur paraissait préférable.

Ils se rangèrent à l'opinion émise par leur illustre devancier, sir Humphry Davy, et, dès lors, le fait capital de l'existence dans la soude et dans la potasse de métaux analogues à ceux connus de toute antiquité, demeura, sans conteste, acquis à la science.

Un de leurs Mémoires fut consacré à l'étude de l'acide fluorique et des fluates.

Schéele, qui le découvrit, n'avait obtenu l'acide fluorique qu'à l'état de fluide aériforme, et retenant de la silice, par suite de l'emploi, dans sa préparation, soit de fluate de chaux siliceux, soit de vases en verre. Thénard et Gay-Lussac l'ont obtenu liquide et pur, au moyen de fluate exempt de silice et de vases en plomb.

Ils en ont, de plus, décrit les propriétés plus complétement qu'on ne l'avait fait avant eux, spécialement en ce qui concerne son action sur la peau, qu'il désorganise dès qu'il la touche.

La décomposition du fluate de chaux par l'acide borique vitreux, à une température élevée, leur fit, chemin faisant, découvrir le gaz fluo-borique; et comme ils observèrent la production d'abondantes vapeurs blanches, au contact de ce gaz avec la plus minime quantité de vapeur d'eau, ils mirent cette propriété à profit, pour constater dans les gaz produits ou recueillis au sein de l'eau, la présence ou l'absence de l'eau hygrométrique.

Son existence dans ceux peu solubles dans l'eau, que leur séjour sur des substances hygrométriques n'a pas complétement desséchés; son absence, sans dessiccation préalable, dans ceux, au contraire, que l'eau dissout en très-grandes proportions, tels les gaz ammoniac, fluo-silicique, acide muriatique, etc.

L'eau que ces derniers entraînent, au lieu de se disséminer dans l'atmosphère ouverte devant elle, se condense tout entière à l'état de dissolution saturée.

Les gaz acide muriatique et acide muriatique oxygéné devinrent, à leur tour, l'objet des investigations de MM. Gay-Lussac et Thénard, pendant que, de son côté, Davy les prenait pour but des siennes, car leurs résultats furent communiqués à l'Institut du 23 janvier au 27 février 1809, et ceux de Davy à la Société royale de Londres, le 12 janvier de la même année.

Les phénomènes qu'ils observèrent au contact de ces gaz avec différents agents, furent expliqués par eux de deux manières :

Ou bien, conformément aux idées du temps, en considérant l'acide muriatique combiné, c'est-à-dire tel qu'il existe dans les muriates secs, comme un oxacide à base d'un radical particulier, et l'acide muriatique libre (le gaz acide muriatique), comme une combinaison de ce même oxacide et d'eau toute formée à la manière de celle qui existe dans l'acide phosphorique monohydraté, ou représentée par ses éléments, à la manière de celle qui existe dans certains acides organiques;

A son tour, le gaz acide muriatique oxygéné, comme un autre oxacide du radical muriatique, plus riche en oxygène que l'acide muriatique simple;

Ou bien, dans un tout autre ordre d'idées, en considérant le gaz acide muriatique comme une combinaison d'hydrogène avec le radical muriatique, d'où les conséquences :

Et que ce gaz ne renfermerait pas d'oxygène;

Et que les muriates secs seraient des combinaisons du radical muriatique avec les métaux (l'hydrogène de l'acide et l'oxygène de l'oxyde s'étant réunis pour produire de l'eau) ;

Et que le gaz muriatique oxygéné serait un véritable corps simple, le radical muriatique lui-même.

Dix-huit mois plus tard, *Annales de chimie*, octobre 1810, Davy adopta exclusivement la dernière de ces hypothèses.

Au contraire, Gay-Lussac et Thénard, après avoir écrit dans leur Mémoire :

« Les phénomènes observés nous semblent s'expliquer encore mieux en regardant le gaz acide muriatique oxygéné comme un corps composé, qu'en le regardant comme un corps simple ; »

Avaient ajouté, tome II, page 174, de leurs *Recherches physico-chimiques :*

« Nous disons aujourd'hui, comme il y a deux ans, et contrairement à l'opinion de Davy, que, dans l'état actuel de nos connaissances, la première de nos deux hypothèses nous semble devoir être préférée à la seconde. »

L'honneur donc d'avoir, les premiers, émis la pensée aussi hardie que neuve, de retirer le gaz acide muriatique du groupe des oxacides, pour le reporter à celui des hydracides, et le gaz acide muriatique oxygéné, du groupe des corps composés, pour le rattacher à celui des corps simples, où nous le voyons maintenant figurer sous le nom de chlore, revient tout entier à Gay-Lussac et à Thénard; mais à Davy, l'honneur très-grand encore d'avoir, le premier, adopté, en ce qui concerne ces corps, l'hypothèse aujourd'hui exclusivement professée.

Vinrent ensuite des observations sur la manière d'agir de la lumière dans les phénomènes chimiques.

Elles démontrèrent son identité d'action avec celle du calorique, aussi bien quant aux substances inorganiques, que quant aux substances et spécialement aux substances colorantes organiques, et encore, son absence d'action sur les corps susceptibles de la laisser passer ou de la réfléchir, au lieu de l'absorber.

Leur dernier Mémoire concernait l'analyse organique.

Lavoisier, qui considérait les substances organiques comme des oxydes de radicaux formés : les uns, d'hydrogène et de carbone; les autres, d'hydrogène, de carbone et d'azote; de telle sorte qu'il avait, par un sublime effort de pensée, imaginé la théorie, pour beaucoup toute récente, des radicaux composés, avait appliqué à la détermination de la composition élémentaire de ces substances ses idées relatives à la combustion.

Admettant, *à priori*, qu'il devait être possible, en leur fournissant de l'oxygène, de convertir tout leur carbone en acide carbonique, tout leur hydrogène en eau et de mettre en liberté l'azote qu'elles pourraient contenir, il en avait brûlé plusieurs dans un volume déterminé d'oxygène.

Les volumes d'acide carbonique produit et d'oxygène disparu, conséquemment la quantité d'eau formée, puisque celle-ci correspondait à la différence trouvée entre le poids de l'oxygène disparu et la somme des poids de cet oxygène et de celui passé à l'état d'acide carbonique, lui indiquaient les quantités de carbone, d'hydrogène et d'oxygène de la substance mise en expérience.

Mais le plus grand nombre des matières organiques ne se prêtaient pas à cette méthode, pour le motif, surtout, que, dans les conditions indiquées, d'autres produits que de l'acide carbonique et de l'eau prenaient naissance.

Thénard et Gay-Lussac en imaginèrent une aussi ingénieuse que générale, qui consistait essentiellement : à brûler un poids connu de matière organique, au moyen d'un poids également connu de chlorate de potasse, dans un appareil disposé de manière à permettre de recueillir les gaz développés.

Leur procédé s'est peu à peu transformé en celui d'une exécution plus facile, plus prompte, plus sûre en ce qu'il permet de recueillir l'eau formée, que vous connaissez, et qui a reçu ses principales modifications de Gay-Lussac, pour la substitution du bioxyde de cuivre au chlorate de potasse, de M. Liebig, pour le dosage du carbone, de M. Dumas, pour celui de l'azote. Cependant, entre les mains de ses inventeurs, il a fourni des résultats aujourd'hui encore considérés comme des modèles d'exactitude, et leur a permis d'établir les propositions suivantes :

Les substances végétales sont :

Acides, toutes les fois que l'oxygène s'y trouve, relativement à l'hydrogène, dans un rapport plus grand que dans l'eau ;

Résineuses, huileuses ou alcooliques, quand, à son tour, l'hydrogène s'y trouve dans un rapport plus grand que dans l'eau ;

Analogues au sucre de canne, à la gomme, à l'amidon, au sucre de lait, à la fibre ligneuse, quand l'oxygène et l'hydrogène s'y trouvent dans le même rapport que dans l'eau.

Tout porte à penser qu'en poursuivant ce genre de recherches, nos habiles expérimentateurs seraient arrivés à ce résultat général, l'une des plus belles conquêtes de leurs successeurs, à savoir :

Que les substances organiques se peuvent partager en deux groupes contenant : l'un, celles dans lesquelles existent des éléments différents, ou les mêmes éléments dans des proportions différentes; l'autre, celles dans lesquelles les mêmes éléments existent en mêmes proportions, mais différemment disposés.

Les premières, conséquemment, susceptibles de se transformer les unes dans les autres, sous l'influence d'agents extérieurs capables de leur céder ce qui leur manque, ou de leur enlever ce qu'elles ont de trop; les secondes, incapables d'éprouver de pareilles transformations, autrement que par suite de simples ébranlements, de simples évolutions moléculaires; autrement, aurait dit dans son style imagé, notre spirituel et bon Pariset, que par le secours de petites mains invisibles se glissant dans l'intimité des tissus, pour changer le mode d'arrangement de leurs particules élémentaires [1].

[1] Voir le *Traité de chimie* de M. Thénard, le *Journal de l'École polytechnique;* les *Mémoires de la Société d'Arcueil;* les *Annales de chimie*, du tome XXX au tome XXXVI; les *Annales de chimie et de physique*, 1re série, du tome Ier au tome L, et 3e série, tomes XLIII et XLVII; le *Journal de pharmacie*, années 1854 et 1855; les *Recherches physico-chimiques*.

Des travaux si nombreux, plusieurs d'une difficulté, d'une délicatesse extrêmes et d'une haute portée, exécutés avec une habileté, une précision telles que leurs résultats résistent aux contrôles les plus sévères, ont, à coup sûr, glorieusement conquis la place que M. Thénard occupa, durant quarante-sept ans, à l'Académie des sciences.

Qui donc contesterait le titre de grand chimiste à celui qui fut le digne élève de Fourcroy et de Vauquelin, le collaborateur de Gay-Lussac et de Dulong, l'émule de Davy, le maître de Dumas; qui sut inscrire son nom à côté des grands noms de Laplace, de Berthollet, de Malus, de Dulong, de Gay-Lussac, de Poisson, de De Candolle, d'Arago, de Humboldt et de Biot, ces membres d'une Société sans rivale, la *Société d'Arcueil*, ces brillantes étoiles d'une nouvelle constellation?

N'eût-il servi la science que par la publication de son *Traité de chimie*, et par ses leçons à l'Athénée, à la Faculté, à l'École polytechnique, au collége de France, nous lui devrions encore une reconnaissance infinie, car personne ne sut mieux que lui la populariser.

Ce que ses mains n'auraient pu faire est devenu possible aux innombrables mains de ses élèves. L'excellente direction qu'il imprimait à leurs aptitudes, à leurs facultés diverses, a permis aux plus humbles d'apporter leurs modestes pierres au monument dont il était l'architecte; tandis que de mieux partagés élevaient, en regard du sien, des monuments rivaux.

A l'époque où parut ce *Traité de chimie*, dont six éditions n'ont pas épuisé le succès, aucun autre ne lui pouvait être comparé aux points de vue :

De l'harmonie des parties;

De la méthode qui avait présidé au choix et à l'arrangement des faits, à l'exposé des propriétés des corps;

De la fidélité avec laquelle étaient décrits les procédés opératoires;

Du soin consciencieux qu'avait pris l'auteur de conserver à chacun la part qui lui revenait, *de rendre à César ce qui appartenait à César.*

Les chapitres consacrés à l'indication : soit des caractères génériques des corps composant ses différents groupes ; soit des caractères spécifiques des individus appartenant à ces groupes ; à la détermination de la nature et de la proportion des composants d'un alliage, d'un mélange de gaz, d'acides, d'oxydes, de sels, etc., d'une eau minérale, d'une substance organique, constituaient notamment autant de petits traités complets.

Depuis, d'autres ouvrages de même genre ont paru, certains plus explicites en ce qui concerne les applications industrielles et médicales, plus au courant des nouvelles découvertes ; aucun ne l'a emplacé entre les mains des élèves.

A cet égard, je n'ai pas voulu m'en rapporter à mes impressions personnelles. Habitué que j'étais à placer le traité de M. Thénard au premier rang des livres qu'il est recommandé au chimiste de feuilleter sans relâche, *nocturna versate manu, versate diurna,* j'aurais craint de ne pas être, pour le juger sainement, par comparaison avec ses analogues, dans des conditions suffisantes d'impartialité; car je touche à l'âge où les chants qui bercèrent notre enfance charment davantage nos oreilles que les plus savants accords.

J'ai demandé à nos élèves, à nos préparateurs, ces intermédiaires naturels entre eux et nous, à ces jeunes agrégés, qui nous prêtent ou nous ont prêté le concours de leur zèle et de leur talent, ce que pense de ce livre, déjà vieux pour elle, la génération qui nous pousse; leurs réponses ont été les fidèles échos de ma pensée.

Que ceux d'entre vous, jeunes élèves, qui ne sont pas rebelles aux conseils d'un maître préoccupé de leur avenir, s'habituent, par la lecture de l'ouvrage de M. Thénard, à présenter en bon ordre les faits laborieusement inscrits dans les cases de leurs cerveaux, et lorsque viendra, pour eux, le moment difficile des examens et des concours, ils ne seront pas exposés aux cruels mécomptes que peut amener l'engorgement de la mémoire. Elle en a parfois simulé la viduité.

L'esprit de méthode, le talent d'exposition qui distinguent son *Traité de chimie*, se retrouvaient dans les leçons de M. Thénard.

Malgré sa profonde connaissance de la matière, et sa longue habitude du professorat, il ne se présentait devant l'auditoire qu'après s'être, à lui-même, tracé le programme de sa leçon; qu'après avoir mûrement réfléchi à l'ordre suivant lequel y seraient traitées les questions qui devaient en faire le sujet.

Il pensait qu'à chaque fait appartenait une place essentiellement propre à le mettre en relief, qu'il était du devoir du professeur de chercher à l'avance ; de même que l'écrivain doit s'évertuer à faire disparaître de ses écrits les synonymes qui trahiraient son impuissance à trouver le mot propre.

Il évitait soigneusement, en outre, de développer certaines parties de son programme au détriment des autres ; en telle sorte qu'aucun fait important ne se trouvait écarté ou renvoyé à la leçon suivante, et que le moment venu de les terminer, ses leçons avaient formé un cours complet, sans superfétations et sans lacunes.

D'un autre côté, sa manière d'exposer les faits, d'en déduire les conséquences, de développer les théories appelées à rendre en quelque sorte visibles les évolutions des molécules élémentaires, à les faire suivre de l'œil dans leurs accouplements; dès lors, à permettre d'assister à la naissance des combinaisons, était merveilleusement adaptée à la nature de son enseignement, nourrie et sobre, serrée et lucide, vive et contenue.

Sans méconnaître ce qu'une idée éclose au moment ajoute à l'intérêt d'une leçon; sans nier davantage que certaines témérités vont bien aux esprits supérieurs, habiles à déverser sur l'auditoire les effluves de leur cerveau, à la façon de ces voyageurs qui s'en vont jetant aux vents toutes sortes de semences, dans l'espoir qu'elles rencontreront des terrains propres à les faire germer, il redoutait de rendre ses auditeurs victimes d'improvisations aventureuses, j'allais dire des rêvasseries d'une imagination surexcitée.

Je le vois encore dans l'amphithéâtre du collége de France où se presse une foule avide de l'entendre, où pas une place n'est demeurée vide, où les couloirs eux-mêmes sont encombrés d'auditeurs, où le professeur et ses aides sont comme assiégés dans l'étroite enceinte qui leur est réservée.

Il est debout, portant fièrement sa forte tête qu'ombrage une épaisse et noire chevelure ; sa haute taille se dessine sur le tableau tout couvert de chiffres et de figures placé derrière lui ; son œil brillant d'intelligence et largement ouvert vient de passer en revue les appareils et les réactifs disposés sur la table ; son regard s'est promené avec assurance sur ses auditeurs, comme pour prendre la mesure de leur entendement ; à ses côtés se tient le préparateur attentif à ses mouvements, anxieux de devancer ses désirs ; tous font silence.

La leçon commence ; la voix du professeur est pleine, sonore, vibrante ; sa parole facile, rapide, abondante ; sa main adroite au maniement des vases les plus fragiles, des instruments les plus délicats ; son geste, prompt et quelque peu impérieux, est celui qui convient au commandement.

Il aura parlé plus d'une heure sans que l'attention ait faibli, tant les faits se seront enchaînés les uns aux autres ; tant les théories destinées à leur servir de liens en auront été déduites avec clarté; tant les expériences, dont les résultats les devaient confirmer, auront été habilement choisies; les applications qui devaient en être les conséquences heureusement rappelées.

Un jour vint où cet amphithéâtre, d'ordinaire consacré aux paisibles enseignements de la science, retentit tout à coup des accents d'une généreuse indignation; celui où l'arrivée de jeunes séminaristes ayant provoqué quelques rires, le professeur apostropha sévèrement les coupables, leur reprochant d'oublier que l'illustre et vénérable Haüy, leur maître et le sien, portait une soutane; que les amis des sciences se doivent aide et protection, quels que soient leurs costumes, leurs nations et leurs cultes; que l'homme vraiment digne de la liberté respecte toutes les croyances, honore tous les dévouements.

« Il faudrait, ajoutait-il d'une voix profondément émue, désespérer de l'avenir de la patrie, si la conscience du devoir et du bien se retirait du cœur de sa jeunesse. »

Il parlait encore, que déjà les applaudissements partis de tous les points de la salle l'avaient rassuré et convaincu que ces sentiments peuvent parfois sommeiller dans de jeunes cœurs, mais s'y éteindre, jamais.

M. Thénard attachait une importance extrême au succès des expériences de ses leçons. Rien ne lui était plus désagréable, plus pénible, que de voir se produire, en présence des élèves, un résultat différent de celui qu'il avait annoncé, et par cela même susceptible de jeter le trouble dans leur esprit.

Aussi ne négligeait-il aucune des précautions propres à prévenir des déceptions de cette nature.

Ses notes étaient remises au préparateur plusieurs jours à l'avance, et l'autorisation lui était donnée de réclamer à toute heure les explications que les expériences portées en note lui sembleraient comporter.

Son arrivée au moment de l'ouverture d'une conférence, à laquelle auraient été convoqués les plus grands personnages eût suffi, je crois, à la faire retarder.

Pour M. Thénard, un préparateur était plus qu'un premier aide de camp pour un général, plus qu'un secrétaire intime pour un ministre ; c'était une partie de lui-même, une sorte d'*alter ego*.

Par une conséquence naturelle, lorsque des expériences de quelque importance venaient à manquer, son mécontentement se trahissait par des mouvements d'épaules, des froncements de sourcils, signes précurseurs d'un orage qu'une faute nouvelle ne manquait guère de faire éclater.

La contrainte que la générosité de son cœur imposait aux ardeurs de son sang, ne faisait que rendre l'explosion plus violente, ainsi qu'il arrive des meilleures chaudières à vapeur dont les soupapes ont été surchargées.

A l'issue d'une leçon dans laquelle il s'était abandonné à toute la fougue de son caractère, un illustre auditeur (on a dit que c'était M. de Humboldt) eut un jour la pensée charitable de réclamer du maître, en faveur du préparateur, un peu plus de patience.

La tempête s'était apaisée, le beau temps était revenu, il fut aisé de mener la requête à bon port.

Tout alla bien à la leçon suivante; à celle qui lui succéda, les plus expérimentés purent déjà apercevoir à l'horizon quelques nuages de mauvais augure. La troisième n'était pas commencée, qu'à la vue d'un appareil monté de telle sorte qu'il ne pouvait fonctionner, Thénard se pose en face du bienveillant médiateur, et lui montrant du doigt, avec un geste de désespoir, le malencontreux appareil :

« Ami, s'écrie-t-il, je vous avais promis de me contraindre, et j'ai fidèlement tenu ma parole ; mais, je vous en supplie, rendez-la-moi, ou vous allez me voir étouffer. »

Interpellé de la sorte, et menacé d'un aussi grand désastre, le noble étranger ne pouvait que s'incliner, en signe d'assentiment, et lui rendre sa parole, que jamais plus M. Thénard n'engagea.

Son préparateur d'alors passe, il est vrai, à tort peut-être, pour avoir été oublieux à lasser une patience plus robuste que celle du maître ; pour avoir eu, suivant l'expression favorite de celui-ci, une vraie tête de linotte.

En revanche, homme d'infiniment d'esprit, il excellait à donner aux plus brusques reparties un tour particulier, qui leur communiquait parfois tout le charme d'un éloge d'exquise délicatesse.

« Mon pauvre garçon, lui avait dit M. Thénard poussé à bout, vous ne ferez jamais rien.

— Votre horoscope ne m'inquiète guère, répondait-il ; quand vous étiez son préparateur, Fourcroy vous a bien tiré le pareil. »

J'ai trop souvent essuyé de semblables bourrasques, pour n'avoir pas appris à compatir aux douleurs de ce spirituel Plagne, du bienveillant et sympathique Barruel, du regrettable Boissenot, de tant d'autres qui m'ont précédé ou suivi dans la carrière de préparateur.

Les occasions ne se présentaient que trop fréquentes de me remémorer le vers du chantre de Mantoue :

Non ignara mali, miseris succurrere disco,

Et malheureux, j'appris à plaindre le malheur.

Maintes fois, désespéré d'avoir encouru les reproches publics de M. Thénard, je déposai entre ses mains les insignes de mon grade, le tablier de toutes couleurs, maculé par les acides et par les alcalis ; troué par les jets de l'antimoine enflammé au contact du chlore, aussi bien que par les vulgaires étincelles échappées d'un fourneau, jurant de ne le jamais reprendre ; et cependant je l'avais repris le lendemain.

Admis, presque au sortir du collége, à l'honneur de lui servir d'aide, comment serais-je resté sourd aux conseils d'un tel homme, de ne pas abandonner à la légère un poste duquel pouvait dépendre mon avenir scientifique? Si d'ailleurs je leur fermais obstinément l'oreille (je n'avais pas vingt ans alors), sa bonté allait jusqu'à réclamer le secours de mon bien-aimé père, pour me faire, à eux deux, entendre raison.

Ce dut être le soir d'une leçon qui s'était mal passée pour moi, qu'invité par M. Thénard à dire quels étaient, parmi les convives d'un banquet, où s'étaient assis ses anciens et ses nouveaux préparateurs, au nombre desquels je me trouvais, ceux qui avaient porté sa santé, je lui fis cette farouche et laconique réponse : « Tous les anciens, pas un nouveau. »

Le lendemain, je me fusse souvenu qu'il faisait plus que racheter ses imperfections de caractère.

Tantôt, pendant les vacances, instruit qu'une journée de plaisir m'ayant été proposée, je l'avais refusée avec courage, sinon sans regret, ne voulant pas abandonner la surveillance personnelle du dangereux produit qu'il étudiait alors (l'iodure d'azote), il se constituait mon remplaçant et venait, toutes les heures, renouveler la glace destinée à prévenir son explosion.

Tantôt, à la veille d'une fête qui se préparait chez lui, et pour me mettre en état de tenter, avec succès, l'application des théories du vestris de mon collége, il complétait sur place mon éducation chorégraphique, par une leçon digne en tout des spirituels crayons de Cham et de Gavarni. Notre salle de bal improvisée était une dépendance du laboratoire, qu'une étroite fenêtre, en regard des hautes murailles de l'ancien collége du Plessis, éclairait si mal, que les mélanges d'hydrogène et de chlore s'y fussent conservés intacts à perpétuité.

Une lampe fumeuse y tenait lieu de lustre, et deux dames-jeannes figuraient nos danseuses.

Une autre fois, voyant le sang s'échapper avec abondance d'une large et profonde blessure que m'avaient faite les éclats d'un tube brisé entre mes mains, il courait tête nue chez le pharmacien voisin, M. Nolette, chercher des bandelettes agglutinatives, et revenait, toujours courant, me panser avec autant d'adresse que de sollicitude;

Ou encore, pour me consoler des sourires railleurs que jamais étudiants n'épargnèrent aux préparateurs dans l'embarras, il prenait à partie ces juges sans indulgence, parce qu'ils étaient au début de la vie, et leur faisait toucher du doigt les difficultés de la tâche qui m'était départie. A l'entendre alors, il eût été plus difficile de bien préparer une leçon de chimie, que de la bien professer.

De fait, ses exigences, d'ailleurs parfaitement justifiées, rendaient cette tâche singulièrement ardue.

Aussi Robiquet père et Labillardière ont-ils seuls, à ses yeux, réalisé l'idéal du parfait préparateur.

Je ne dirai rien de Robiquet, que je n'ai jamais eu l'avantage de voir opérer, sinon que ses belles recherches sur les cyanures, l'opium, l'orseille, la garance, etc., etc., l'ont plus tard fait entrer à l'Institut et rangé parmi les illustrations de cette école; au contraire, je ne saurais résister au désir de vous parler d'Houtou de Labillardière, non plus que de vous faire connaître, en quelques mots, le personnel du laboratoire du collége de France, lorsque m'y fit admettre la double protection de M. Poisson et de madame Descotils, la respectable veuve de l'auteur de la découverte de l'iridium.

Ne fût-ce qu'en pensée, on revient toujours avec bonheur au milieu de ses maîtres et de ses compagnons d'études.

En outre du nouveau venu, auquel furent naturellement dévolues les fonctions les plus rudes (l'exiguïté de nos ressources budgétaires ne nous permettant pas le luxe d'un homme de peine), ce personnel comprenait trois aides :

Casaseca, devenu professeur de chimie à la Faculté des sciences de la Havane, celui-là qui eut l'heureuse chance de rencontrer la soude sulfatée anhydre au fond d'un lac des environs de Madrid, sa patrie ; la bonne pensée de la baptiser du nom de *Thénardite ;* Serbat, aujourd'hui heureux et riche industriel, et méritant sa prospérité ; puis Douglas.

De beaucoup le plus instruit de nous tous ; mais, exemple frappant de la fatalité qui s'attache à certaines existences, en dépit de leurs droits à l'estime, aussi bien qu'au succès, ce dernier use sa rare érudition et ses belles facultés dans les ingrats labeurs d'une classe de collége.

Quant à notre chef, que je devais remplacer un an plus tard, lorsqu'il passa professeur de chimie à Rouen, fait pour parcourir à grands pas la carrière des sciences, s'il ne l'eût désertée jeune encore, par besoin trop exclusif du repos des champs et des joies de la famille, c'était plaisir de le voir à l'œuvre :

Entre ses doigts agiles, les appareils se montaient avec une merveilleuse prestesse, les instruments fonctionnaient avec une rigoureuse précision, le verre fondu à la flamme de la lampe s'allongeait, se tordait, se courbait, se gonflait au gré de ses désirs.

A la leçon, pas un faux mouvement, pas un oubli, pas une erreur.

Les expériences, habilement conduites, amenaient, au moment voulu, le résultat annoncé.

Je le proclamerais le plus habile des opérateurs que j'aie rencontrés, si mon étoile ne m'avait mis en présence de Dulong, cet homme hors ligne, que M. Thénard déclarait avoir pu appartenir à presque toutes les classes de l'Académie des sciences.

Grand physicien, habile chimiste, profond mathématicien, savant naturaliste, à ce point organisé pour l'étude des langues, qu'il apprit l'anglais et l'allemand, en manière de délassement, durant que le clouaient dans son lit d'horribles blessures causées par l'explosion de son chlorure d'azote ; amateur éclairé de musique, et, malgré son calme habituel, des plus passionnés, puisqu'il avouait avoir livré bataille pour entendre la fameuse Catalani ; il était en outre écrivain remarquablement correct, professeur éminent.

Dans le temps qu'ils s'occupaient, M. Thénard et lui, d'étudier l'action de certains corps sur les mélanges gazeux explosibles, je me souviens qu'ils étaient dans l'usage, le lundi matin, de se communiquer réciproquement les rédactions qu'ils avaient préparées pour la séance du soir à l'Institut.

Or la rédaction de Dulong, que son collaborateur trouvait toujours préférable à la sienne, était invariablement réservée aux honneurs de la lecture.

Je me souviens également, qu'à mon retour d'une leçon de Dulong à la Sorbonne, M. Thénard m'ayant demandé ma pensée touchant le professeur que je venais d'entendre, ma réponse, qui sentait l'étudiant de première année, me valut ce supplément de leçon :

« Quand tu seras fort, retourne l'entendre, et tu pourras alors te convaincre qu'il est impossible d'être plus maître de son sujet, plus lucide et surtout plus heureux dans ses transitions. »

C'est que le cœur haut placé de M. Thénard lui faisait trouver du bonheur à exalter les mérites de ses rivaux; c'est que là était la source de ces paroles, de ces actions, qui vont achever de vous le faire connaître, débarrassé de ses costumes d'apparat.

Alors que son cher Paul et que son cher Henri étaient encore tout petits, dans le jardin de l'hôtel de la rue de Grenelle qu'ils habitaient à cette époque et qu'a remplacé la demeure de M. Dumas (tant il entre dans la belle destinée du premier de ses élèves de se substituer à notre maître), j'ai vu le président de l'Académie des sciences, le chancelier de l'Université redevenu enfant pour partager leurs jeux, se glisser sous un banc et disparaître à leurs yeux inquiets, au milieu du sable que ses mains avaient amoncelé autour de lui avec une ardeur toute juvénile.

Imitant le trait d'adorable bonhomie du Béarnais surpris dans la posture la moins royale, mais la plus paternelle, son petit Louis XIII sur le dos, il eût, lui aussi, achevé la partie en présence d'un ambassadeur.

Souvent, dans le trajet de la rue de Grenelle au collége de France, nous nous donnions pour compagnons de route les deux petits écoliers portant au bras le panier de provisions, signalement traditionnel de l'enfant cheminant vers l'école. Nous les laissions, rue de Tournon, à cette porte que ne repasseront, hélas! ni le vieillard ni le plus jeune de ses fils, et que me font saluer de tendres et douloureux souvenirs.

Ses impatiences, devenues proverbiales, cédaient elles-mêmes à la crainte d'affliger.

Quand nous nous remplacions, M. Clément Desormes et moi, près du lit où la fièvre le retenait (c'était en 1832, je n'ai garde d'oublier cette époque, car je quittai le cher malade au matin du jour de ma première leçon à cette école, et l'emploi de ma nuit me porta bonheur), il arriva que mon savant compagnon, affecté d'une toux qui ne lui laissait ni paix ni trêve, devint, pour le pauvre malade qu'elle empêchait de sommeiller, une cause involontaire de malaise indicible.

Cependant j'ignorerais encore ce que celui-ci eut à souffrir, si le matin, à ma question : « Comment avez-vous passé la nuit? » il n'eût fait cette angélique réponse :

« Je n'ai pu fermer l'œil, Clément n'a pas cessé de tousser; mais je me suis bien gardé de lui laisser voir combien sa présence me fatiguait, dans la crainte de lui causer de la peine. »

Il trouvait de ces mots qui résument tous les genres de délicatesse.

La veille de la mort de l'illustre fondateur de la Société d'Arcueil, de l'immortel auteur de la mécanique céleste, j'accompagnai M. Thénard à l'hôtel de M. de Laplace.

Il me laissa dans une pièce voisine, tandis qu'il pénétrait près du lit du mourant.

Lorsqu'il vint me rejoindre, les traits décomposés et les larmes aux yeux, ce fut par ces paroles qu'il m'apprit que tout espoir était perdu :

« Laplace se meurt, il ne passera pas la nuit; ah! mon ami, que sommes-nous, à côté d'un homme comme celui-là! »

La douleur que madame la marquise de Laplace, digne compagne de ce puissant génie, a ressentie de la mort inattendue de M. Thénard, et qui lui faisait m'écrire :

« Nos cœurs gémissent de la perte de notre incomparable ami, son amitié faisait le charme de ma vie, je désire votre retour pour le pleurer avec vous, »

Sera, de tant d'hommages rendus à la fidélité de ses affections, à la grandeur de sa reconnaissance, celui qui les honorera le plus.

M. Thénard n'obéissait pas moins aux inspirations d'une conscience profondément honnête, qu'aux battements d'un cœur chaleureux.

Lui avais-je exprimé mes regrets de ne pouvoir, me rendant à ses désirs, appuyer à l'Académie de médecine la candidature du docteur Nonat, son savant neveu et mon bien cher ami, en présence de celle du docteur Poiseuille, plusieurs fois lauréat de l'Institut, il me répondait :

« Je réclame de vous que vous ne suiviez jamais que l'impulsion de votre conscience; si vous teniez une autre ligne de conduite, je vous aimerais bien moins.

» Votre voix ne vous appartient pas, elle appartient au plus méritant; votez donc hautement en faveur du docteur Poiseuille.

» Je vous aime et vous embrasse. »

Une grave affaire dont s'occupèrent les journaux du temps, et dans laquelle le fils se maintint à la hauteur du père, venait-elle s'engager, il lui écrivait de son château de la Ferté :

« Mon cher Paul,

» Tu me demandes mon avis sur la question de savoir si tu dois poursuivre le fabricant qui t'a vendu du noir animal mélangé de matières étrangères.

» Tu me dis qu'il est juge au tribunal de commerce, et que le procès causera un grand scandale.

» Tu ne saurais hésiter un seul instant ; tu dois poursuivre ; la qualité du fraudeur, ta réputation d'homme intègre, ton honneur, l'exigent.

» Si le fraudeur était un homme ordinaire, j'inclinerais peut-être à l'indulgence ; mais c'est un juge au tribunal de commerce, il est, par cela même, doublement coupable.

» S'il trompe ses clients dans les produits qu'il leur vend, on est autorisé à croire qu'il sera capable de se laisser gagner dans les jugements qu'il rendra ; il est donc impardonnable.

» La loi doit l'atteindre et le juge le condamner. »

Quelle vigueur de pensée et de style! et l'auteur de cette lettre, datée du 28 octobre 1856, allait atteindre quatre-vingts ans.

Représentant de cette forte génération de 89, qui aura bientôt disparu tout entière, privilégié de cette grande époque, qui sûtes en partager les généreuses aspirations, et vous défendre de ses funestes égarements, ce n'est plus l'élève, ce n'est plus le chimiste, c'est l'homme, c'est le citoyen qui vous salue.

Par une sorte de fatalité, je n'ai connu que dans ces dernières années les trésors d'érudition littéraire que possédait cet homme vraiment complet.

Je savais qu'il avait fait de bonnes études au collége de cette petite ville de Sens, dont il nous parle dans son *Traité de chimie*, à l'occasion des propriétés désinfectantes du charbon.

« Je me rappelle, dit-il, avoir dans ma jeunesse

vu les habitants des environs de Sens jeter dans les fontaines, pour en assainir les eaux, des brandons enflammés des feux de la Saint-Jean. »

J'avais appris, en outre, de M. Boullay, qui reçut des mains de Vauquelin le jeune Bourguignon, nouveau débarqué à Paris, et fut chargé de l'initier aux travaux de laboratoire dans cette école même, que le futur président de l'Académie des sciences possédait, dès cette époque, une instruction solide et variée.

Mais j'ignorais qu'il se fût nourri de la lecture de nos grands classiques; que Boileau, la Fontaine, Molière, Racine, Corneille lui fussent surtout familiers.

Pendant les soirées des hivers de 1856 et de 1857, que nous avons passées seuls avec lui, ma chère compagne, je devrais dire mon fidèle compagnon et moi, il s'est montré sous un jour nouveau. Le chimiste avait fait place à l'amateur de la saine littérature.

A demi enseveli au milieu des épais coussins de son large fauteuil, dans l'attitude où nous le représente la magnifique photographie de Legray et de Méhédin ; d'une voix quelque peu théâtrale qu'il semblait avoir gardée de ses anciennes relations avec le grand tragédien Talma, il nous récitait des scènes, qu'il analysait et commentait ensuite avec une pureté de goût, un bonheur d'expressions que lui eussent pu envier plus d'un littérateur officiel.

Je me croyais revenu au temps où je courais, entre deux de ses leçons, entendre le spirituel Andrieux, l'élégant Leclerc, l'éloquent Villemain, et chaque fois que nous le quittions, je me demandais s'il s'était en réalité, pendant soixante ans, occupé de recherches expérimentales ; s'il était bien l'auteur de l'excellent *Traité de chimie* qui porte son nom ; s'il méritait la réputation du professeur le plus exact qui ait jamais occupé une chaire, du membre le plus assidu aux séances du comité consultatif, de la Société d'encouragement, de l'Institut, du conseil supérieur de l'instruction publique, de la Chambre des députés et de la Chambre des pairs, cet autre Mécène (*præsidium et dulce decus meum*) qui me faisait, à titre de remercîment, redire avec le vieil Horace :

Ille nobis hæc otia fecit.

Merci, mille fois merci, cher et glorieux appui, de nous avoir fait de si charmants loisirs.

A ces entretiens littéraires s'en mêlaient de non moins attachants, relatifs au projet qu'il mûrissait de créer cette Société de secours des amis des sciences, dont il fut à la fois le fondateur, le bienfaiteur, et que lui seul, peut-être, était en position de porter, en quelques mois, au degré de prospérité qu'elle atteint.

La séance d'inauguration eut lieu, vous vous en souvenez, le 5 mars de cette année, et M. Thénard fut, à l'unanimité, porté au fauteuil de la présidence.

A peine venait-il, d'une voix toute virile, d'exposer l'objet de la réunion, d'exprimer l'espérance *d'avoir formé en un faisceau que rien ne devait rompre ceux qui cultivent les sciences, les appliquent ou seulement en sentent le prix*, qu'un abbé, à cheveux blancs, prit à son tour la parole, et se faisant l'interprète des sentiments de l'assemblée, dans une allocution chaleureuse, remercia l'illustre vieillard d'avoir encore ajouté au respect et à la reconnaissance qu'inspirait sa longue et bienfaisante carrière.

Le souvenir de la scène du collége de France que je vous ai narrée me revint alors en mémoire, et je crus retrouver quelque ressemblance entre l'orateur et l'un de nos séminaristes de 1822.

Les réminiscences de sa jeunesse, et les soins qu'il donnait au développement d'une Société devenue l'objet de ses plus chères préoccupations, venaient heureusement faire diversion aux poignantes douleurs qui assaillirent M. Thénard dans ses dernières années.

Il avait, coup sur coup, vu tomber à ses côtés :

Sa belle-mère, sa belle-sœur, son neveu Tampour, l'une des espérances du barreau ; le dernier de ses frères, Antoine Thénard ; le second de ses fils, l'aimable Henri ; la compagne de ses meilleurs jours.

Fille d'un pair de France, M. Humblot, petite-fille de cet homme extraordinaire, qui, des infimes fonctions d'apprenti jardinier d'un hospice, à force de génie, s'éleva jusqu'à mériter qu'il fût dit de lui :

Par Monge,

« Conté a toutes les sciences dans la tête et tous les arts dans la main; »

Par Berthollet,

« Conté est la colonne de l'expédition d'Égypte, et l'âme de la colonie; »

Par Napoléon, dans ses Mémoires,

« Conté, homme universel, était capable de créer les arts de la France dans les déserts de l'Arabie; »

Madame Thénard avait apporté sa part d'illustration à la communauté, et mérité d'être associée à son mari par la reconnaissance.

C'était à elle que je m'adressais, lorsqu'il s'agissait d'obtenir une faveur, un avantage quelconque au profit d'un camarade étranger au laboratoire.

L'habile pinceau d'Hersent a reproduit sur la toile ses beaux et nobles traits ; il n'a pu rendre le regard qui les éclairait, chaque fois qu'un appel était fait à sa bonté.

Je pourrais, longtemps encore, messieurs, vous entretenir de M. Thénard, car j'aurais à dérouler devant vous trente-huit ans de sa belle et bonne vie, mais je m'arrête et je lui dis un dernier adieu :

Dans cette enceinte qui servit de berceau à son illustration ;

En face des portraits de Parmentier, de Vauquelin, de Deyeux, de Laugier, de Robiquet, de Pelletier, ses collègues et nos maîtres ;

En présence de ces élèves qui demandent chaque jour à son livre la plus forte part de leur instruction ; de cet auditoire où tant de cœurs ont battu à la seule pensée d'entendre parler de lui.

Puissiez-vous, ô mon protecteur et mon maître, dans le séjour des justes que vous habitez, me garder la tendresse qui vous dictait ces lignes :

« Venez vous mêler à ma famille, vous savez bien que je vous aime comme si vous étiez mon fils... »

Et sentir, à la sincérité de mes accents de douleur, que je vous aimais et vous vénérais comme un père.

FIN

Paris. — Typ. de Mme Ve Dondey-Dupré, rue Saint-Louis, 46.

Paris. — Typ. de Mme Ve Dondey-Dupré, rue Saint-Louis, 46.

www.ingramcontent.com/pod-product-compliance
Ingram Content Group UK Ltd.
Pitfield, Milton Keynes, MK11 3LW, UK
UKHW020342220726
13923UKWH00004B/1536